DE

LA DÉVOLUTION DES BIENS

D'UNE

ASSOCIATION PERSONNE MORALE

EN CAS DE DISSOLUTION

(LOI DU 1er JUILLET 1901)

PAR

R. MARGAT

PROFESSEUR A LA FACULTÉ DE DROIT DE L'UNIVERSITÉ DE MONTPELLIER

(Extrait de la *Revue trimestrielle de Droit civil*, n° 3, 1908)

LIBRAIRIE

DE LA SOCIÉTÉ DU RECUEIL **J.-B. SIREY** & DU JOURNAL DU PALAIS

Ancienne Maison L. LAROSE & FORCEL

22, *rue Soufflot, PARIS*, 5e *arrond.*

L. LAROSE et L. TENIN, Directeurs

1908

DE LA DÉVOLUTION

DES BIENS D'UNE ASSOCIATION PERSONNE MORALE

EN CAS DE DISSOLUTION

(LOI DU 1er JUILLET 1901)

On peut ramener à trois les causes susceptibles d'entraîner la dissolution d'une association.

Il résulte des articles 9 et 12 de la loi du 1er juill. 1901 que la dissolution peut être *volontaire, statutaire* ou *forcée*.

Elle est volontaire quand, dans le silence des statuts sur ce point, l'unanimité des associés tombe d'accord pour rompre l'association, en vertu du principe général d'après lequel il est toujours loisible aux parties contractantes de mettre fin à la convention par leur mutuel dissentiment.

Elle est statutaire quand elle se produit par application du pacte social, comme cela arrivera par exemple en cas de réalisation de l'objet en vue duquel le groupement a été formé, ou d'arrivée du terme fixé pour sa durée.

Dans ce cas l'association est dissoute de plein droit.

Enfin la dissolution est parfois forcée. A l'autorité judiciaire sous la sauvegarde de laquelle la loi nouvelle a très sagement placé la liberté d'association, il appartient de statuer sur les poursuites des parties intéressées ou du ministère public. La dissolution est alors prononcée par le tribunal civil obligatoirement en cas de nullité prévue par l'article 3, c'est-à-dire si l'association est fondée sur une cause ou en vue d'un but illicite, et facultativement en cas d'infraction aux dispositions de l'article 5, c'est-à-dire si l'association a fait des déclarations incomplètes ou inexactes [1]. Dans une seule hypothèse, à raison des dangers spéciaux que sont susceptibles de présenter certains groupements, la dissolution peut être ordonnée par mesure administrative sous forme de décret rendu en conseil des ministres. Il en est ainsi pour les associations composées en majeure partie d'étrangers, celles ayant des administrateurs étrangers ou leur siège à l'étranger, et dont les agissements seraient de nature soit à fausser les conditions normales du marché des valeurs ou des marchandises, soit à menacer la sûreté intérieure ou extérieure de l'État, dans les conditions prévues par les articles 75 à 101 du Code pénal [2].

Que la dissolution soit volontaire, statutaire ou forcée — nous verrons d'ailleurs que sous ce rapport les règles à appliquer sont les mêmes — elle soulève un problème d'une délicate complexité.

Que vont devenir les biens de l'association disparue ? Suivant quels principes doit s'opérer leur dévolution ?

Tel est le point que je voudrais étudier, en me cantonnant exclusivement sur le terrain des associations de droit privé, et laissant à dessein de côté les congrégations et les fondations.

Je me bornerai à envisager pour l'instant les associations investies de la personnalité morale, c'est-à-dire les associations déclarées et les associations reconnues d'utilité publique.

I

En ce qui concerne les associations personnes morales, la première question à examiner est celle de savoir si les statuts de l'association et à défaut l'organe qui la représente, en pratique l'assemblée générale, peuvent régler le sort des

----

(1) Article 7 de la loi du 1ᵉʳ juill. 1901.
(2) Article 12 de la loi du 1ᵉʳ juill. 1901.

biens pour le cas où la personnalité morale viendrait à prendre fin.

La réponse varie suivant la conception que l'on se fait de la personne morale.

Ceux qui voient en elle une pure fiction créée artificiellement et de toutes pièces par la volonté arbitraire du législateur, sont naturellement conduits à dénier ce pouvoir aux statuts.

Dans ce système, en effet, la personne morale ne saurait être assimilée au point de vue de sa capacité à une personne physique. L'État souverain dispensateur de la vie juridique ne la lui concède que dans la mesure où cela est nécessaire pour lui permettre d'atteindre plus aisément son but. Elle n'a d'existence qu'en vue et dans les limites de sa destination. En dehors de là elle n'est rien.

Comment dès lors lui reconnaître le même droit qu'à une personne physique, de disposer de ses biens pour le temps où elle ne sera plus, de faire en quelque sorte son testament ?

En quoi une semblable prérogative, destinée précisément à produire ses effets à la mort de la personne morale, serait-elle de nature à faciliter l'accomplissement de sa mission ? Sans compter que les statuts pourraient donner aux biens une affectation qui ne serait pas en harmonie avec l'objet en vue duquel la personnalité morale avait été octroyée.

Par application de cette doctrine, qui, pendant longtemps, a rallié en France tous les suffrages, l'article 7 de la loi du 24 mai 1825, sur les congrégations religieuses de femmes (1), interdit implicitement aux statuts de régler la dévolution des biens, même acquis à titre onéreux.

____

(1) Loi du 24 mai 1825. Art. 7. « En cas d'extinction d'une congrégation ou maison religieuse de femmes, ou de révocation de l'autorisation qui lui aurait été accordée, les biens acquis par donation entre-vifs ou par disposition à cause de mort feront retour aux donateurs ou à leurs parents au degré successible, ainsi qu'à ceux des testateurs au même degré. — Quant aux biens qui ne feraient pas retour ou qui auraient été acquis à titre onéreux, ils seront attribués et répartis, moitié aux établissements ecclésiastiques, moitié aux hospices des départements dans lesquels seront situés les établissements éteints ».

C'est la solution contraire que sont logiquement amenés à consacrer les partisans de la personnalité réelle, quelles que soient d'ailleurs les formes variées sous lesquelles se manifeste cette théorie.

Du moment que la personne morale n'est pas un être imaginaire, appelé à la vie et façonné par la volonté souveraine de la loi, mais a une existence réelle, abstraction faite de toute intervention de l'autorité publique, on doit la concevoir avec la même étendue de capacité que la personne physique. Elle doit jouir des mêmes droits, sauf bien entendu ceux qui sont incompatibles avec sa nature ou qui lui ont été retirés par un texte formel.

Rien ne s'oppose dès lors à ce que le pacte social pourvoie à l'attribution des biens en cas de dissolution. Le droit de disposer n'est-il pas la conséquence et le prolongement naturel du droit de propriété?

L'idée est aujourd'hui admise par la majorité des auteurs [1] et a conquis droit de cité dans un certain nombre de législations.

En France, elle a fait sa première apparition dans la loi du 12 juill. 1875, relative à la liberté de l'enseignement supérieur, dont l'article 12 porte : « les biens acquis à titre onéreux feront retour à l'État *si les statuts ne contiennent à cet égard aucune disposition* ». Ce texte, qui consacrait une importante innovation, n'a pas d'ailleurs été voté sans difficultés.

Outre que les esprits étaient encore dominés par la théorie romaniste de la fiction, dont on retrouve l'écho jusque dans les discussions législatives, on élevait contre lui une double objection tirée du droit civil.

---

(1) Voir notamment

En Allemagne : Otto Gierke, *Genossenschaftstheorie*, p. 859, note 2 ; — Regelsberger, *Pandectes*, § 86, p. 239 et 356.

En France : Michoud, *De la dévolution du patrimoine des personnes morales,* dans l'*Année administrative* (année 1903), p. 7 ; — Hauriou, *Précis de droit administratif*, 6ᵉ éd., p. 270 ; — Capitant, *Introduction à l'étude du droit civil*, 2ᵉ éd., p. 183.

En Italie : Giorgi, *La dottrina delle persone giuridiche o corpi morali*, t. 1, n° 209 ; — Fadda, dans l'édition italienne des *Pandectes* de *Windscheid*, p. 833.

D'après les uns, la clause des statuts contenant affectation future s'analysait en un testament collectif et à ce titre ne pouvait ressortir à effet (art. 968, C. civ.).

D'après d'autres, c'était un retour pur et simple au régime des substitutions prohibées par le Code civil (art. 896, C. civ.).

Il est facile de montrer que l'un et l'autre grief manquent de base.

On n'est pas en présence d'un testament collectif; car les fondateurs qui décident dans les statuts du sort du patrimoine social, ne sont que les représentants ou plus exactement les organes de la personne morale, qui, elle, est essentiellement une (1).

Il n'y a pas non plus substitution interdite, car le trait caractéristique de la substitution consiste dans la charge pour le gratifié de conserver les biens donnés pour les remettre à son décès à une autre personne. Or les statuts n'imposent nullement cette obligation à l'association. L'argument s'applique d'ailleurs avec la même force aux biens donnés et aux biens acquis à titre onéreux. Et cependant le promoteur de l'article 12 de la loi de 1875, M. Lucien Brun, crut de meilleure tactique, pour s'assurer plus aisément la victoire, de limiter la portée de son amendement aux biens entrés dans le patrimoine social en vertu d'un acte à titre onéreux.

Cette réserve faite, toute méprise avec la substitution devenait impossible, puisque la substitution suppose essentiellement que les biens reçus par le grevé proviennent d'une libéralité.

Ainsi se trouvait consacrée pour la première fois en France, sous une restriction importante il est vrai, la liberté pour l'association de disposer de ses biens dans ses statuts.

La même règle a été appliquée d'une façon plus ou moins complète par un certain nombre de lois allemandes et suisses. Pour ne citer que les principales, le Code fédéral suisse

___

(1) Voyez Piébourg, *De quelques questions sur les personnes civiles.*

des obligations décide dans son article 716 que, *sauf disposition contraire dans les statuts* ou autres règlements cons-
titutifs, l'assemblée générale peut, lors de la dissolution de
ces sociétés, décider à la majorité que l'actif ne sera pas par-
tagé entre les sociétaires, mais qu'il sera remis à un établissement public reconnu du canton ou de la confédéra-
tion poursuivant le même but ou un but analogue.

Et l'article 45 du Code civil allemand porte qu'en cas de
dissolution de l'association ou de suppression de sa capacité juridique, son patrimoine est dévolu aux personnes
désignées dans les statuts; disposition qui devait tout naturellement trouver place dans un pays où, sous l'impulsion
de maîtres comme Beseler et Gierke, la thèse de la personnalité réelle a exercé une si profonde influence.

Je m'empresse d'ajouter d'ailleurs qu'à notre point de
vue spécial, les auteurs qui nient la personne morale pour
ne voir dans ses prétendus droits que les droits individuels
des associés, aboutissent aux mêmes conséquences pratiques que les partisans de la personnalité réelle[1].

Du moment, en effet, que tous les droits reposent sur la
tête des associés, on ne voit pas comment et pourquoi
ceux-ci ne pourraient pas disposer, dans le pacte social, des
biens dont ils ont la propriété, encore que cette propriété
pendant la durée de l'association soit soumise à un régime
spécial.

Et que si l'on s'avisait de rééditer l'argument tiré de l'article 968 du Code civil et de dire : la clause des statuts
constitue bien ici un véritable testament collectif, puisque
dans cette conception la disposition émane non point d'une
seule personne, entité juridique distincte des éléments
composants, mais bien des associés eux-mêmes, en nombre
plus ou moins considérable, il suffirait de répondre qu'il
n'y a pas là un véritable testament au sens propre du mot.
Le testament, aux termes de l'article 895 du Code civil, ne
peut produire ses effets qu'à la mort du testateur. Or les
associés qui règlent dans les statuts le sort du patrimoine

---

[1] En ce sens Vareilles, *Les personnes morales*, p. 431.

social, ne disposent pas pour le temps où ils ne seront plus, mais, ce qui est tout à fait différent, pour le temps où leurs biens auront cessé d'être soumis à ce que M. de Vareilles-Sommières appelle le régime personnifiant et M. Planiol le régime de la propriété collective.

Les deux théories de la personnalité réelle et des droits individuels convergent donc par des chemins différents vers le même point, droit pour les statuts de fixer la dévolution des biens sociaux. Et il n'y a en principe aucune bonne raison pour distinguer, comme l'a fait l'article 12 de la loi de 1875, suivant que les biens ont été acquis à titre gratuit ou à titre onéreux. Le pouvoir des statuts doit être le même à l'égard des uns et des autres.

Toutefois, en ce qui concerne les choses données ou léguées, il y a lieu de tenir compte d'un nouvel élément de décision.

Celui qui fait une libéralité à la personne morale peut valablement régler le sort des biens donnés, pour le temps où cette personne aura disparu.

Et remarquons-le bien, cette solution est absolument indépendante de tout système théorique sur la personnalité morale. Elle s'impose aussi bien aux tenants de la fiction qu'aux adeptes de la réalité ou des droits individuels.

Quelle que soit la nature du gratifié, être imaginaire, entité réelle ou associés, le donateur ou le testateur est libre de subordonner sa libéralité à telle condition que bon lui semble, pourvu qu'elle ne heurte pas une règle d'ordre public.

Se plaçant à ce dernier point de vue il est vrai, on a essayé de soutenir qu'une semblable disposition tombait sous le coup de l'article 896 du Code civil, comme présentant les caractères des substitutions prohibées. Cette opinion a été consacrée par l'article 7 de la loi du 24 mai 1825 sur les congrégations religieuses de femmes, qui crée un droit de retour au profit des donateurs, de leurs parents au degré successible et des parents des testateurs au même degré, mais qui interdit implicitement aux donateurs et testateurs de faire eux-mêmes attribution des biens. Elle a de plus été

acceptée par un arrêt de la Cour de Paris du 2 juin 1893 [1]
et un arrêt de la Cour de cassation du 12 févr. 1896 [2]. En
réalité elle ne résiste pas à la critique.

Il suffit de rappeler la réfutation décisive qu'on a présen-
tée M. Planiol dans la note qui accompagne au Dalloz l'arrêt
précité de la Cour de Paris, et dont les idées ont été reprises
et développées par M. Michoud [3].

Ces auteurs font remarquer avec raison qu'il serait illogique de vouloir appliquer à la dévolution du patrimoine
social les règles écrites pour les successions des personnes
physiques. D'ailleurs les motifs qui expliquent la disposition de l'article 896 du Code civil ne se retrouvent pas
ici. Si le Code civil interdit les substitutions, c'est parce
qu'il les considère comme un moyen d'assurer la perpé-
tuité des titres de noblesse grâce à la transmission indéfi-
nie d'un patrimoine intangible entre les mains de l'héritier
du nom.

Il est à peine besoin d'observer qu'un semblable danger
n'est pas à redouter chez les personnes morales. De plus et
accessoirement la prohibition des substitutions offre cet
avantage économique d'empêcher qu'un trop grand nombre
de biens soient soustraits au commerce. Mais cette raison
ne saurait non plus être invoquée si le gratifié est une personne morale. La personne morale en effet étant perpé-
tuelle de sa nature, le bien à elle donné se trouve retiré du
commerce pour un temps indéfini. En quoi une substitution
aggrave-t-elle la condition de ce bien? Si elle est faite au
profit d'une autre personne morale, la situation reste la
même, pourvu bien entendu que l'appelée obtienne l'autorisation de l'article 910 du Code civil? Si au contraire elle intervient au profit d'une personne physique, la libre circulation
ne peut qu'y gagner, puisque le bien, au lieu d'aller grossir
la mainmorte de l'État, se trouvera rejetée dans le courant
des transactions. — Il faut donc admettre à côté du pouvoir
des statuts, celui des donateurs et des testateurs. Bien mieux,

(1) Paris, 2 juin 1893, D. 93. 2. 512.
(2) Cassation, 12 févr. 1896, D. 96. 1. 545.
(3) Michoud, *loc. cit.*, p. 10 et suiv.

comme l'observe très exactement M. Michoud(1), en cas de conflit entre les statuts et la volonté du disposant, cette dernière doit l'emporter. Le donateur, le testateur étaient libres de ne pas gratifier la personne morale. Il est naturel que l'affectation par eux assignée aux biens donnés soit respectée même si elle est contraire aux statuts, pourvu qu'elle ne soit ni illicite, ni immorale. Sous le bénéfice de cette réserve, les biens seront dévolus conformément aux statuts.

Que si maintenant les statuts ne contiennent aucune attribution, faut-il reconnaître à la personne morale le droit de disposer de ses biens par l'intermédiaire d'un de ses organes, par exemple l'assemblée générale?

En principe il n'y a aucune raison pour refuser à l'assemblée générale un droit que l'on accorde aux statuts. Les motifs de décider sont les mêmes. Qu'importe que le sort des biens ait été réglé par avance ou qu'il soit fixé au moment de la disparition de la personne morale? Dans les deux cas, théoriquement tout au moins, c'est la même volonté qui préside à la dévolution du patrimoine social.

Cette idée a passé dans un certain nombre de textes, notamment dans l'article 45 précité du Code civil allemand, qui permet à l'assemblée générale des associations à but idéal d'attribuer les biens sociaux à une fondation ou à un établissement public.

Ce même droit de disposition est consacré en France par l'article 14 du décret du 9 mars 1894, qui vise les associations syndicales de propriétaires et admet dans son article 72 le droit de l'assemblée générale, mais en exigeant l'approbation du préfet, ce qui s'explique d'ailleurs par le caractère public de ce genre d'associations.

Mais il ne suffit pas d'avoir constaté le pouvoir des statuts et de l'assemblée générale, il y a lieu de se demander si ce pouvoir est illimité ou si au contraire il ne comporte pas certaines restrictions.

La raison de douter, c'est que le patrimoine de l'association au jour de sa dissolution ne se compose pas seulement

____

(1) Michoud, *loc. cit.*, p. 14.

des apports effectués par les associés actuels. Il comprend encore les économies réalisées sur les cotisations des générations précédentes et aussi les dons et legs reçus par la personne morale. Est-il admissible que sur une masse de biens ainsi formée par alluvions successifs, les membres qui composent l'association à un moment donné, puissent prétendre des droits exclusifs?

N'est-il pas à craindre que, renonçant aux aspirations plus ou moins désintéressées qui avaient été la raison d'être de leur groupement, ils ne provoquent la dissolution de l'être moral en vue de s'enrichir de ses dépouilles?

Certes le danger existe. Mais, sauf dans certains cas spéciaux, il est tellement atténué qu'il ne saurait suffire à motiver l'interdiction du partage entre les associés. Nous le verrons en effet — c'est un point sur lequel j'aurai l'occasion de revenir — le partage ne peut jamais avoir lieu que sous réserve de l'affectation dont les biens sont grevés du fait des anciens associés et des donateurs ou testateurs.

Nous arrivons donc à cette conclusion. En principe droit absolu de disposition pour les statuts, et à défaut pour l'assemblée générale. Telle est la règle qui découle logiquement à la fois du système de la personnalité réelle et de la doctrine des droits individuels.

Voilà le principe théorique; mais il est bien certain que le législateur peut en tempérer ou même en écarter l'application quand l'exigent d'évidentes nécessités pratiques. Seulement il ne doit pas perdre de vue que ces restrictions ne sont légitimes que si et dans la mesure où elles sont commandées par d'impérieuses considérations d'intérêt général.

Il en sera ainsi toutes les fois qu'il existera des raisons spéciales de redouter que l'association n'abuse de sa liberté pour se transformer contrairement à l'esprit de ses statuts. Ainsi s'explique la loi du 1ᵉʳ avr. 1898 ,relative aux sociétés de secours mutuels, qui règle elle-même le partage en cas de dissolution et refuse aussi bien aux statuts qu'à l'assemblée générale le droit de disposer des biens sociaux[1]. On con-

---

(1) Il est à remarquer qu'aux termes de l'article 31, les sommes données

çoit ici d'autant mieux l'intervention de l'État pour couper court aux velléités de lucre des associés ou à leur désir d'appliquer les biens à des œuvres différentes, que les sociétés de secours mutuels approuvées jouissent de faveurs particulières à raison de la haute valeur sociale de l'idée mise en œuvre par elle.

II

Supposons maintenant, c'est la seconde question à examiner, que ni les statuts ni l'assemblée générale n'aient décidé de l'attribution des biens. Que va-t-il advenir d'eux?

Ici apparaît en pleine lumière l'intérêt qui s'attache aux controverses doctrinales sur la nature de la personnalité morale.

Le système de la fiction conduit nécessairement à attribuer les biens à l'État. La solution s'impose encore que les procédés de justification varient.

D'après certains, c'est la thèse de la Révolution [1] : l'État recueille les biens en qualité de propriétaire. Souverain dispensateur de la personnalité morale, il ne l'accorde qu'en vue de l'utilité publique. Il est donc naturel de considérer toute association personne morale comme un organe de l'État, une sorte de service public entre les mains duquel les biens ne sont qu'un dépôt détenu au nom et pour le compte de la nation : la personnalité morale venant à disparaître, par la force même des choses et pour ainsi dire automatiquement, les biens font retour à l'État, qui n'a jamais cessé d'en être propriétaire.

Mais cette explication est assez généralement abandonnée et l'on préfère aujourd'hui fonder le droit de l'État sur la théorie des biens vacants et sans maître.

L'argumentation est d'une simplicité irréfutable.

L'État qui crée la personne morale a le droit de la supprimer. Dès qu'elle est anéantie, les biens possédés par elle

ou léguées à titre inaliénable doivent être employées conformément aux volontés des donateurs ou testateurs s'ils ont prévu le cas de liquidation.

(1) Voir en ce sens le discours de Barnave du 13 oct. 1789 (*Annales parlementaires*, t. IX, p. 423).

ne reposent plus sur la tête de personne. Ils tombent dans
le vide et, par application des articles 539 et 713 du Code
civil, ils vont droit à l'État [1], qui s'en empare cette fois non
plus à titre de propriétaire, mais par droit de déshérence,
l'être moral se trouvant dans la même situation qu'une personne physique décédée sans héritier [2].

Quel que soit le raisonnement invoqué, la conclusion est
la même : mainmise de l'État sur les biens sociaux. Appli-
qué aux associations de droit privé, le résultat est singuliè-
rement choquant. Voici un patrimoine qui se forme avec
l'autorisation de l'État. Il se développe en quelque sorte
sous son égide, grâce aux sacrifices personnels d'un certain
nombre d'individus. Et il va suffire à l'État de prononcer
un retrait plus ou moins arbitraire de la personnalité morale, pour que tous ces biens, accumulés par l'effort de particuliers, deviennent siens et qu'il puisse en disposer à son
gré ! N'y a-t-il pas là quelque chose qui rappelle la confisca-
tion ?

On l'a tellement bien senti que l'on a presque toujours
reculé devant les conséquences extrêmes de la fiction.

En France les décrets qui accordent la reconnaissance d'utilité publique prévoient et réglementent le plus souvent la
dévolution des biens de la personne morale, pour les attribuer
en général à des groupements poursuivant un but similaire.
Et, nous le constaterons bientôt, un certain nombre de lois
obéissent à la même préoccupation. Quant à la jurisprudence, bien qu'encore dominée par la théorie classique, elle
s'évertue depuis longtemps par des procédés plus ou moins
ingénieux à écarter l'application des articles 539 et 713 du
Code civil. La plupart des décisions judiciaires, il est vrai, se
réfèrent à des associations non investies de la personnalité

---

(1) *Art. 539.* — Tous les biens vacants et sans maître, et ceux des personnes
qui décèdent sans héritiers, ou dont les successions sont abandonnées, appartiennent au domaine public.

Art. 713. — Les biens qui n'ont pas de maître appartiennent à l'État.

(2) V. le discours de Thouret (cité par Michoud, *loc. cit.*, p. 3) à la séance
du 23 oct. 1789 (*Ann. Parl.*, t. IX, p. 485). — Cf. Laurent, *Droit civil*, t. I,
p. 316 ; — Vauthier, *Personnes morales*, p. 345-346 ; — Ducrocq, *Droit
administratif*, 6e éd., t. II, n° 1337.

morale(1). Au lieu de proclamer le droit de l'État sur le patrimoine, comme le voudraient certains doctrinaires férus d'intransigeante logique, elles utilisent les règles de l'indivision ou des sociétés de fait. Mais on ne voit pas pourquoi de semblables décisions ne seraient pas étendues aux associations personnes morales. En quoi les membres de ces groupements, qui occupent un degré supérieur dans la hiérarchie des associations, seraient-ils moins dignes d'intérêt que les autres ?

Il y a là, on ne saurait le nier, un grave échec fait à la théorie de la fiction, qui logiquement, en cas de disparition de la personnalité morale, doit faire entrer les biens dans le domaine de l'État.

La même conséquence, à notre avis, découle de la doctrine de la réalité, quelle que soit d'ailleurs la forme revêtue par elle. — Qu'on fonde avec Gierke la personnalité morale sur une volonté collective, se dégageant de l'ensemble des volontés individuelles et présentant des caractères propres, ou qu'on la fasse reposer avec M. Michoud sur un intérêt collectif distinct des intérêts personnels des membres du groupe, en l'absence d'une réglementation spéciale sur ce point les biens sociaux doivent aller à l'État (2).

Vainement objectera-t-on que dans cette conception il est impossible de considérer les associés comme étrangers aux biens laissés par la personne morale : car à la différence de ce qui a lieu dans la théorie de la fiction, on voit en eux non point des tiers, sans lien juridique avec la personne morale, mais bien les véritables éléments et pour ainsi dire le substratum réel de cette personne.

Du moment que les biens sociaux reposent sur la tête d'un sujet de droit distinct des membres du groupe, ceux-ci à la disparition de ce sujet ne peuvent invoquer aucun droit propre et préexistant sur le patrimoine social.

On est en présence d'une situation analogue à celle qui

____

(1) Voir les arrêts cités par Hébrard, *Du sort des biens d'une association en cas de dissolution*, p. 19 et suiv.

(2) M. de Vareilles-Sommières formule la même opinion, mais sans la justifier. — V. *Les personnes morales*, p. 447.

se produit au décès d'une personne physique. Or, quand le de cujus meurt sans avoir disposé de ses biens, la transmission s'opère au profit des héritiers *ab intestat*. Mais ces héritiers puisent essentiellement leur vocation dans un texte législatif, en l'absence duquel, si proche fût leur degré de parenté avec le défunt, ils seraient écartés au profit de l'Etat. Eh bien ! il doit en être de même en cas d'extinction d'une personne morale. Quels que soient les liens qui l'unissent à ses membres, — et l'école réaliste les a très heureusement mis en lumière (1) — les associés ne peuvent venir à sa succession qu'à la condition d'y être appelés par la loi elle-même.

L'idée d'organiser une sorte de succession *ab intestat* des associations n'a du reste en soi rien d'illogique.

Au premier abord, elle peut sembler paradoxale. Un observateur superficiel est en effet frappé par ce fait que les successions sont dévolues suivant l'ordre des affections présumées du défunt, telles qu'elles résultent des liens du sang. Or, est-il besoin de le dire, dans une association il ne peut exister aucun sentiment de ce genre. Mais à y regarder de plus près, on s'aperçoit bien vite que cette conception est beaucoup trop étroite. En réalité, la parenté n'est pas le fondement exclusif du droit successoral. Comme l'a très bien vu Montesquieu, les règles qui gouvernent la dévolution héréditaire sont dominées beaucoup moins par des principes abstraits de droit naturel que par les conditions économiques et sociales d'un pays à un moment donné. « La loi Voconienne, dit-il (2), ne permettait « pas d'instituer une femme héritière, pas même sa fille « unique. Il n'y eut jamais, dit saint Augustin, une loi plus « injuste. Une formule de Marculfe traite d'impie la cou- « tume qui prive les filles de la succession de leurs pères. « Justinien appelle barbare le droit de succéder des mâles « au préjudice des filles. Ces idées sont venues de ce que « l'on a regardé le droit que les enfants ont de succéder à

(1) V. Gierke, *Genossenschaftstheorie*, p. 174 et suiv., 864 et 865. — Cf. Michoud, *loc. cit.*, p. 23 et suiv.

(2) Montesquieu, *Esprit des Lois*, livre 26, chap. 6, p. 132.

« leurs pères comme une conséquence de la loi naturelle ;
« ce qui n'est pas.

« La loi naturelle ordonne aux pères de nourrir leurs
« enfants ; mais elle n'oblige pas de les faire héritiers. Le
« partage des biens, les lois sur le partage, les successions
« après la mort de celui qui a eu ce partage, tout cela ne
« peut avoir été réglé que par la société, et par conséquent
« par les lois politiques ou civiles.

« Il est vrai que l'ordre politique ou civil demande sou-
« vent que les enfants succèdent aux pères ; mais il ne
« l'exige pas toujours ». Et cette thèse se trouve vérifiée par
l'histoire. Pour prendre l'exemple le plus frappant, à Rome,
malgré leur étroite parenté, le fils émancipé ne succédait pas
à son père, ni le père au fils sorti de sa puissance.

S'il en est ainsi, si le droit successoral repose avant tout
sur l'utilité sociale diversement comprise suivant les temps
et les milieux, pourquoi à la mort de la personne morale
la loi ne réglerait-elle pas le sort de ses biens comme elle
le fait au décès d'une personne physique, en s'inspirant des mêmes considérations d'intérêt général? N'existe-
t-il pas d'ailleurs une sorte de parenté intellectuelle entre
toutes les associations poursuivant un but similaire ou
analogue et aussi, pour reprendre l'expression de M. Mi_
choud (1), une parenté plus proche entre chaque association
et ses membres ?

Il n'y a donc aucune impossibilité théorique — pour ceux
bien entendu qui croient à la réalité de la personne morale — à concevoir en matière d'association un droit de
succession *ab intestat*.

Et on peut soutenir qu'il a été fait application de cette
idée par un certain nombre de lois qui fixent elles-mêmes
la dévolution des biens de la personne morale disparue.

L'article 7 de la loi du 24 mai 1825 décide qu'en cas de dissolution d'une congrégation religieuse de femmes, les membres
de la congrégation auront droit à une pension alimentaire.

Après ce prélèvement et l'exercice d'un droit de retour

____

(1) Michoud, *loc. cit.*, p. 24, note 3.

au profit des donateurs et héritiers des testateurs, les biens sont répartis moitié entre les établissements ecclésiastiques, moitié entre les hospices des départements dans lesquels seraient situés les établissements éteints.

De même l'article 12 de la loi du 12 juillet 1875, en cas d'extinction d'un établissement libre d'enseignement supérieur, après avoir réservé le droit de retour des donateurs et testateurs, dispose que les biens acquis à titre onéreux reviennent à l'État. Mais il doit être fait emploi de ces biens pour les besoins de l'enseignement supérieur par décrets rendus en Conseil d'État après avis du conseil supérieur de l'Instruction publique.

On peut encore citer dans le même ordre d'idées l'article 5 de la loi du 7 juill. 1904 relative à la suppression de l'enseignement congréganiste, aux termes duquel la liquidation des biens et valeurs, qui aura lieu après la fermeture du dernier établissement de la congrégation, s'opérera d'après les règles édictées par l'article 7 de la loi du 24 mai 1825. Toutefois, après le prélèvement des pensions prévues par la loi de 1825, le prix des biens acquis à titre onéreux ou de ceux qui ne feraient pas retour aux donateurs ou aux héritiers ou aux ayants droit des donateurs ou testateurs servira à augmenter les subventions de l'État pour constructions ou agrandissements de maisons d'écoles et à accorder des subsides pour location.

Quel que soit le principe théorique auquel se rattachent ces dispositions — et nous verrons plus loin qu'elles peuvent s'expliquer abstraction faite de toute idée de succession — il n'en reste pas moins que si on admet l'existence d'une succession aux associations, les associés ne peuvent invoquer sur le patrimoine social que les droits à eux formellement concédés par la loi.

La doctrine des droits individuels (copropriété modifiée par des clauses diverses, d'après M. de Vareilles-Sommières, propriété collective, suivant MM. Planiol et Berthélemy) (1)

---

(1) De Vareilles-Sommières, *Des personnes morales* ; — Planiol, *Traité de droit civil*, t. I, nᵒˢ 675 et s. ; — Berthélemy, *Traité de droit administratif*, 2ᵉ éd., p. 42 et suiv.

conduit au contraire logiquement en cas de dissolution au partage des biens entre les associés. Il ne saurait être question ici de succession, puisque les biens ont toujours reposé sur la tête des associés et n'ont jamais appartenu à une personne distincte d'eux. Du moment que la personnalité morale n'est autre chose qu'un mode privilégié de gestion, destiné à faciliter la réalisation de fins collectives, à sa disparition le voile qui cachait le fait de la copropriété tombe, pour laisser reparaître la réalité, c'est-à-dire la juxtaposition de droits individuels. Et dès lors il n'y a qu'à procéder au partage entre les membres.

Mais ce partage a-t-il pour objet tous les biens sans exception ?

Il faudrait répondre affirmativement si le patrimoine social se composait exclusivement des apports des membres existant au jour de la dissolution.

Mais, comme nous l'avons déjà observé, il comprend encore, dans l'immense majorité des cas, toutes les ressources accumulées par les générations précédentes d'associés et aussi tous les biens donnés ou légués à l'association. En ce qui concerne cette partie du patrimoine social, en général de beaucoup la plus importante, il semble bien que le partage ne puisse avoir lieu que sous réserve des conditions et charges dont les biens ont été grevés par les associés antérieurs et par les donateurs et testateurs.

A ce point de vue M. Michoud (1) divise les associations en deux catégories. Les associations *intéressées*, qui ont pour objet unique soit l'amélioration de la situation économique de leurs membres, soit leur agrément ou tout autre avantage analogue, telles que les associations syndicales libres, les syndicats professionnels, les sociétés de secours mutuels et aussi les associations sportives, les cercles..... Et les associations *désintéressées*, qui se proposent un but idéal, culture d'un sentiment, propagation d'une doctrine, ou encore amélioration matérielle et morale de la condition des malheureux, telles que les associations artistiques, litté-

(1) Michoud, *loc. cit.*, p. 29.

M.

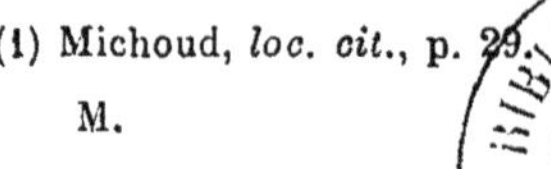

raires, politiques et aussi les sociétés de patronage de l'enfance ou des libérés...

Dans les premières il admet en principe le partage entre les membres actuels, mais refuse toute participation aux anciens associés.

Pour le décider ainsi il se fonde sur cette idée que, conformément aux statuts acceptés par lui, l'associé verse ses cotisations à titre définitif, en sorte que s'il vient à sortir de l'association pour un motif quelconque, décès, démission ou exclusion, les sommes par lui apportées profiteront exclusivement aux membres restants. La solution n'est pas contestée tant que dure l'association : il n'y a pas de raison pour l'écarter si elle vient à se dissoudre.

Quant aux biens donnés ou légués, ils seront aussi répartis entre les associés, à moins d'une clause spéciale stipulant un droit de retour au profit de l'auteur de la libéralité ou de ses ayants cause. « C'est en effet, dit M. Michoud, l'interêt des associés que le donateur ou testateur a eu en vue; il est naturel en conséquence qu'on permette à ces associés de se partager le bien donné, si le mode de jouissance qui existait au moment de la donation ne peut plus exister ».

Dans les associations désintéressées au contraire, les associés ayant en vue moins leur intérêt personnel que l'œuvre à entreprendre, M. Michoud écarte le partage entre eux.

D'après lui il s'ouvre une sorte de droit de succession *ab intestat* au profit des associations similaires. Mais ces groupements ne peuvent recueillir le patrimoine de la personne morale disparue que sous une réserve. Indépendamment des sommes nécessaires à l'acquittement des obligations sociales, il y a lieu de prélever tous les biens qui ne sont entrés dans le patrimoine de l'association que sous la condition expresse ou tacite qu'ils feraient retour à leurs anciens propriétaires en cas de suppression de la personne morale. Il devra en être ainsi toutes les fois qu'il sera démontré que le choix de la personne morale a été la cause impulsive et déterminante des libéralités ou des apports effectués par les associés.

Cette opinion ne nous semble pas rigoureusement exacte.

Outre qu'il est très difficile de tracer une ligne précise de démarcation entre les associations intéressées et les associations désintéressées, toute association à but non lucratif, même celle qui en l'apparence a uniquement pour objet la satisfaction d'intérêts personnels pouvant presque toujours servir en même temps l'intérêt général, on ne voit pas pourquoi, dans les associations intéressées, la volonté clairement manifestée par les anciens associés n'aurait pas la même vertu que dans les associations désintéressées. Il n'y a aucune bonne raison pour que, en l'absence d'une disposition précise des statuts, les membres d'une association intéressée ne puissent pas, si telle a été leur intention certaine, reprendre les biens par eux apportés en cas de dissolution. C'est là une question d'interprétation que le juge doit trancher souverainement en s'inspirant des circonstances de la cause, au premier rang desquelles figure la nature de l'association.

A ce point de vue, il est vrai de dire qu'il admettra moins facilement l'existence de cette volonté si l'association est intéressée. Dans ce cas, en effet, il y a une présomption pour qu'au moment où les apports ont été effectués, le seul intérêt des associés ait été envisagé.

Quant à l'argument consistant à dire que les anciens membres doivent être exclus du partage parce qu'ils ont accepté d'avance de verser leurs cotisations à titre définitif, il ne saurait nous convaincre. Dans une association désintéressée en effet, tout comme dans une association intéressée, l'associé sortant n'est pas recevable à réclamer le remboursement des sommes par lui versées. Et cependant M. Michoud, sans distinguer ici entre les membres anciens et les membres actuels, admet qu'à la dissolution d'une association désintéressée, il y a lieu au prélèvement des biens provenant des associés, si la considération de la personne morale les a déterminés à effectuer leurs apports (1).

En ce qui concerne maintenant les donateurs et testateurs, on n'aperçoit pas non plus de motifs décisifs pour

(1) M. Michoud, *loc. cit.*, p. 39.

subordonner leur droit de retour à une stipulation expresse quand la libéralité a été faite à une association intéressée, tandis qu'une manifestation tacite de volonté suffit si l'association bénéficiaire est désintéressée [1].

Dans tous les cas la condition dont la libéralité est affectée doit ressortir à effet, quelle que soit la forme sous laquelle elle se révèle. Seulement, suivant une observation déjà faite à propos des associés, le juge sera moins disposé à reconnaître l'existence de la condition dans l'hypothèse d'une association intéressée; car en pareil cas il est naturel de penser que le donateur ou le testateur a plutôt envisagé l'intérêt des membres que le but collectif poursuivi par eux.

Ainsi donc d'après nous, à la dissolution de l'association, si telle a été leur volonté clairement constatée, les anciens associés ainsi que les donateurs et testateurs peuvent reprendre les biens par eux apportés ou donnés.

On ne saurait se dissimuler qu'en pratique une semblable solution risque fort de ne pas donner pleine satisfaction à tous les intérêts en présence, car il est à craindre que souvent elle ne suffise pas à assurer le respect des charges dont les biens sont grevés.

En faisant même abstraction des difficultés de preuve, l'exercice du droit de résolution se heurtera en fait à des obstacles qui le rendront presque illusoire [2].

Où et comment retrouver les centaines ou les milliers d'individus dont les apports ou les dons successifs, échelonnés peut-être sur de très longues années, ont contribué à former le patrimoine social? Sans compter que souvent les sommes apportées ou données seront trop minimes pour valoir les ennuis et les frais d'un procès. Il est donc à craindre que l'immense majorité des intéressés, par ignorance ou incurie, s'abstiennent d'agir; auquel cas les associés actuels vont s'enrichir de biens qui, dans la pensée de ceux qui les avaient versés au fonds commun, devaient être indéfiniment affectés à l'œuvre entreprise.

---

(1) V. Bekker, *Pandectes*, I, § 67. Cet auteur admet un droit de retour au profit des donateurs et testateurs même en l'absence de stipulation.

(2) V. de Vareilles-Sommières, *Les personnes morales*, p. 436.

On conçoit dès lors, surtout si l'association poursuit un but d'intérêt général, que l'État intervienne dans certains cas pour prendre des précautions en vue de maintenir aux biens leur affectation primitive.

Parfois la loi décidera que les biens donnés ou légués à l'association ne se partageront pas entre les associés à la dissolution, mais feront retour au disposant ou à ses ayants cause, sans qu'ils aient à prouver l'existence d'une stipulation faite en ce sens.

Quelquefois aussi elle limitera le droit des associés à une pension ou à certains biens déterminés et portera que le surplus sera employé à un but similaire à celui de l'association.

Ce sont bien ces deux idées, combinées dans des proportions variables, qui ont inspiré les dispositions précitées (1) de l'article 7 de la loi du 24 mai 1825 sur les congrégations religieuses de femmes, de l'article 12 de la loi du 12 juill. 1875 sur la liberté de l'enseignement supérieur, de l'article 5 de la loi du 7 juill. 1904 sur la suppression de l'enseignement congréganiste et aussi de l'article 31 de la loi du 1er avr. 1898 relative aux sociétés de secours mutuels (2).

Ces différentes lois, qui attribuent une partie du patrimoine social à des institutions poursuivant un but identique ou analogue à celui de la personne morale disparue, peuvent donc s'expliquer sans faire appel, comme l'enseignent les partisans de la personnalité réelle, à l'idée d'une

(1) V. ci-dessus, p. 15 et 16.

(2) Il résulte de ce texte qu'en cas de dissolution d'une société approuvée, il y a lieu d'abord à des prélèvements ; prélèvement des sommes nécessaires pour faire face aux engagements de la société, prélèvement des subventions ou secours octroyés par l'État, le département ou la commune, prélèvement des biens donnés ou légués par les particuliers et qui sont employés conformément aux volontés des donateurs et testateurs s'ils ont prévu le cas de liquidation et dans le cas contraire versés au compte de dotation des sociétés de secours mutuels. Après ces prélèvements, les membres participants appartenant à la société au moment de la dissolution et non déjà pourvus d'une pension ou indemnité annuelle prennent une part proportionnelle aux versements opérés par chacun d'eux depuis leur entrée dans la société, sans qu'ils puissent recevoir une part supérieure à leur contribution. Le reliquat s'il y en a est attribué au fonds de dotation institué au ministère de l'Intérieur.

succession fondée sur une sorte de parenté intellectuelle entre associations de même caractère.

Elles se concilient très bien avec la théorie des droits individuels et se légitiment par ce fait que souvent l'affectation des biens ne serait pas maintenue si on laissait aux anciens associés et aux donateurs le soin de mettre en mouvement les actions en résolution.

En d'autres termes, si la loi intervient ici, c'est beaucoup moins pour interpréter la volonté présumée de l'association, qu'en vue de conserver aux biens une affectation présentant un intérêt d'ordre social [1].

Mais cette attribution directe du patrimoine social par la loi elle-même doit demeurer exceptionnelle. Elle n'est légitime que s'il existe de sérieuses raisons de craindre que les associés se montrent infidèles au but poursuivi et transforment l'association contrairement à son esprit. Le partage entre les associés doit demeurer la règle générale.

Par contre, nous admettrons très volontiers que dans l'hypothèse où les anciens associés ou les donateurs et testateurs peuvent prétendre des droits sur le fonds social, s'ils restent dans l'inaction, on organise une procédure spéciale à l'effet de conserver aux biens qui auraient pu être réclamés par eux une affectation en harmonie avec leurs volontés.

Suivant une idée proposée par M. de Vareilles-Sommières [2], on nommerait par exemple un liquidateur judiciaire qui déterminerait la masse de ces biens. Cette masse serait transférée soit à une association nouvelle qui se formerait précisément pour continuer l'œuvre de l'ancienne, soit à un établissement déjà existant et poursuivant un but similaire ou analogue à celui de l'association dissoute. Le choix appartiendrait en première ligne aux associés. Car, dépositaires des traditions de l'association, ils savent mieux que personne dans quel esprit le groupement a été fondé et quelle orientation il devait suivre. Si les associés refusaient

---

(1) *Contrà*, Adenis, *Les associations à but lucratif et le droit de succession*, thèse, Paris 1902, p. 149 et suiv.

(2) De Vareilles-Sommières, *op. cit.*, p. 438 et suiv.

de choisir ou faisaient un choix manifestement contraire au but de l'association disparue, le liquidateur prendrait l'initiative d'une proposition. Dans tous les cas la désignation de l'établissement appelé à recueillir les biens devrait être approuvée par le tribunal.

Ce contrôle de l'autorité judiciaire sur les opérations du partage ne contredit en aucune façon les droits que nous reconnaissons aux associés.

Il se justifie pleinement par le besoin de faire respecter des volontés qui en fait se trouveraient violées, au grand détriment du public, le plus souvent intéressé au maintien du patrimoine corporatif.

Tels sont les principes théoriques qui à notre avis dominent la matière.

Voyons maintenant dans quelle mesure ils ont été appliqués par la loi du 1er juill. 1901.

III

Avant la loi de 1901, il n'existait aucun texte législatif réglant d'une façon générale la destinée des biens d'une association dissoute. Quelques dispositions éparses, dont nous avons cité les principales, prévoyaient seulement la dévolution du patrimoine social dans quelques cas spéciaux. Toutefois, il est à remarquer que les statuts-modèles rédigés depuis longtemps par le Conseil d'État pour les établissements d'utilité publique, s'ils ne disposent pas eux-mêmes des biens de l'association, en cas de disparition de la personnalité morale, donnent ce pouvoir à l'assemblée générale, avec obligation de choisir pour successeurs des établissements analogues à l'établissement disparu (1).

____

(1) Art. 17 des statuts-modèles des associations sollicitant la reconnaissance comme établissements d'utilité publique, délibérés par la section de l'Intérieur le 1er déc. 1893 (*Revue des établissements de bienfaisance*, 1895, p. 331) : « En cas de dissolution ou en cas de retrait de la reconnaissance de l'association comme établissement d'utilité publique, l'assemblée générale désigne un ou plusieurs commissaires chargés de la liquidation des biens de l'association. Elle attribue l'actif net à un ou plusieurs établissements analogues publics ou reconnus d'utilité publique ».

Le Conseil d'État reconnaissait donc implicitement le pouvoir des statuts. C'est peut-être là qu'il faut chercher l'origine de l'article 9 de la loi du 1er juill. 1901, qui consacre en termes formels ce même pouvoir des statuts et l'étend à l'assemblée générale.

L'article 9 est ainsi conçu : « En cas de dissolution volontaire, statutaire, ou prononcée par justice, les biens de l'association seront dévolus conformément aux statuts, ou, à défaut de disposition statutaire, suivant les règles déterminées en assemblée générale ».

Aux termes de ce texte, les associés peuvent donc déterminer le sort du patrimoine social, soit dans les statuts, soit à défaut en assemblée générale, solution incompatible, nous l'avons montré, avec le système de la fiction et qui ne peut s'expliquer que dans la théorie de la réalité ou des droits individuels dont le législateur de 1901 semble du reste s'être largement inspiré, de façon plus ou moins consciente il est vrai [1].

Mais la liberté d'attribution ainsi conférée aux statuts et à l'assemblée générale est-elle illimitée ?

L'affirmative paraît certaine, en présence de l'article 9, qui pose la règle en termes généraux et sans y apporter aucune restriction.

Et cependant certains auteurs [2] soutiennent que si les statuts et à défaut l'assemblée générale peuvent disposer des biens de l'association au profit de groupements similaires, ce qui ne saurait soulever aucune difficulté, par contre ils n'ont pas le droit de décider que le fonds social se partagera entre les associés. Ce partage aboutirait en effet à un accroissement de leur patrimoine personnel. Or ce résultat serait en contradiction avec la nature du contrat d'association, qui, aux termes de l'article 1er de la loi de 1901, est formé

---

(1) Voir à ce sujet les observations présentées dans notre article « De la capacité des associations déclarées », *Revue trimestrielle de droit civil*, 1907, n. 2, p. 19-20.

(2) En ce sens, Trouillot et Chapsal, *Commentaire de la loi du 1er juill. 1901*, Lois nouvelles, 1902, p. 19 ; — Georges Pichat, *Le contrat d'association*, p. 181.

dans un but autre que de partager ses bénéfices. L'idée était déjà consacrée par les articles 14 et 17 des statuts-modèles précités, d'après lesquels l'actif net ne pouvait jamais être distribué entre les associés, et il en a été fait application dans l'article 15 du règlement d'administration publique du 16 août 1901, ainsi libellé : « Lorsque l'assemblée générale est appelée à se prononcer sur la dévolution des biens, quel que soit le mode de dévolution, elle ne peut, conformément aux dispositions de l'article 1er de la loi du 1er juill. 1901, attribuer aux associés, en dehors de la reprise des apports, une part quelconque des biens de l'association ».

Nous croyons au contraire que le pouvoir des statuts et de l'assemblée générale ne comporte aucune limitation. A notre avis, le décret du 16 août 1901 a excédé les bornes du pouvoir réglementaire en introduisant une restriction que n'autorisent point les termes absolus de l'article 9 de la loi de 1901 (1).

L'argument tiré de l'article 1er porte à faux. De ce que l'association ne doit pas avoir pour but la recherche des bénéfices, il ne s'ensuit pas qu'elle ne puisse bien accidentellement en réaliser. Tout le monde est d'accord que le patrimoine d'une association peut s'enrichir de subventions ou de libéralités, ou même de lots en cas de remboursement de certaines valeurs. Si de tels bénéfices sont possibles, comment prétendre en s'appuyant sur l'article 1er que leur partage est interdit ?

Joignez à cela que le décret du 16 août 1901 vise uniquement l'assemblée générale et laisse en dehors de ses prévisions les statuts. D'où le partage n'est prohibé que s'il est voté par l'assemblée générale, mais reste licite s'il est prévu par les statuts.

Sur ce point encore le décret se trouve en contradiction

____

(1) Voir dans le même sens : Hébrard, *Du sort des biens d'une association en cas de dissolution*, p. 67 ; — Adenis, *op. cit.*, p. 162 ; — André Pérouse, *Les biens des associations et congrégations dissoutes sont-ils des biens sans maître ?* 2e éd., p. 87 ; — Michoud, *op. cit.*, p. 18-19. — *Contrà*, Hauriou, *Précis de droit administratif*, 6e éd., p. 271.

avec l'article 9, qui met sur le même rang les pouvoirs des statuts et ceux de l'assemblée générale.

Tels sont, d'après l'article 9, les droits des statuts et de l'assemblée générale.

Ce texte, étant donnée la place occupée par lui dans la loi, vise les associations déclarées, mais il doit être étendu sans la moindre hésitation aux associations reconnues d'utilité publique. On ne comprendrait pas en effet que la reconnaissance d'utilité publique privàt les associés d'une prérogative importante et eût pour effet à ce point de vue d'empirer leur situation.

C'est du reste ainsi que la loi a été comprise par le règlement d'administration publique, qui soumet au même régime la liquidation et la dévolution des biens des deux catégories d'association. L'article 11 déclare que les statuts d'une association reconnue d'utilité publique doivent contenir : ... « les règles suivant lesquelles les biens seront dévolus en cas de dissolution volontaire, statutaire, prononcée en justice ou par décret ». Et les articles 14 et 15, relatifs à l'assemblée générale, sont écrits sous cette rubrique : « Dispositions communes aux associations déclarées et aux association reconnues d'utilité publique ».

Cela dit, quels sont donc les biens dont les statuts ou l'assemblée générale peuvent ainsi faire attribution?

En principe ils peuvent disposer de tous les biens dont l'association est propriétaire.

Ici il y a lieu de distinguer entre les associations déclarées et les associations reconnues d'utilité publique; car la composition du patrimoine n'est pas la même dans les deux cas.

Les associations déclarées, aux termes de l'article 6, ne peuvent posséder, en dehors des subventions de l'État, des départements et des communes, que les cotisations de leurs membres, le local destiné à l'administration et les immeubles strictement nécessaires à l'accomplissement de leur but. Elles sont incapables de recevoir des dons et legs, même mobiliers.

Si ces associations ont réalisé des acquisitions excédant

les limites de leur capacité, l'acte tombe sous le coup de
l'article 17 (1). La nullité pourra être demandée par les intéressés ou par le ministère public. Mais si pour une raison quelconque le ministère public n'agit pas et si les ven-
deurs ou donateurs gardent le silence, il semble bien qu'alors
les biens doivent rester dans le patrimoine de l'association
et être dévolus suivant les mêmes règles que lui (2).

La capacité des associations reconnues d'utilité publique
est plus large à deux points de vue.

D'abord l'article 11 (3) ne restreint la faculté d'acquisition
qu'aux immeubles nécessaires au but poursuivi. La suppression du mot *strictement* permet de donner au texte
une interprétation plus large.

De plus et surtout les associations d'utilité publique peuvent recevoir des dons et des legs.

Dans ces conditions il y a lieu de se demander quels sont
les droits des donateurs et testateurs en cas de stipulation
expresse ou tacite de retour?

A notre avis, il y a lieu de faire une distinction.

Si les statuts ou à défaut l'assemblée générale ont décidé
le partage des biens entre les associés, les donateurs et tes-

---

(1) Article 17, loi du 1er juill. 1901 : « Sont nuls tous les actes entre-vifs ou
testamentaires à titre onéreux ou gratuit, accomplis soit directement,
soit par personne interposée, ou toute autre voie indirecte, ayant pour objet
de permettre aux associations légalement ou illégalement formées de se
soustraire aux dispositions des articles 2, 6, 9, 11, 13, 14 et 16.

. . . .

« La nullité pourra être prononcée soit à la diligence du ministère public,
soit à la requête de tout intéressé ».

(2) En ce sens, Hébrard, *op. cit.*, p. 77.

(3) Article 11, loi du 1er juill. 1901 : « Ces associations peuvent faire tous
les actes de la vie civile qui ne sont pas interdits par leurs statuts, mais elles
ne peuvent posséder ou acquérir d'autres immeubles que ceux nécessaires au
but qu'elles se proposent. Toutes les valeurs mobilières d'une association
doivent être placées en titres nominatifs.

« Elles peuvent recevoir des dons et des legs dans les conditions prévues
par l'article 910 du Code civil et l'article 5 de la loi du 4 février 1901.

« Les immeubles compris dans un acte de donation ou dans une disposition
testamentaire qui ne seraient pas nécessaires au fonctionnement de l'association sont aliénés dans les délais et la forme prescrits par le décret ou
l'arrêté qui autorise l'acceptation de la libéralité; le prix en est versé à la
caisse de l'association ».

. . . .

tateurs ou leurs ayants cause peuvent certainement reprendre les biens par eux donnés, par application de principes
développés plus haut.

Si au contraire le patrimoine social est dévolu à une association similaire, tout dépendra d'une interprétation souvent délicate de volonté (1).

L'auteur de la libéralité a-t-il surtout envisagé l'œuvre
entreprise par l'association, il ne sera pas admis à exercer
le retour. Il lui sera très difficile en effet, à lui ou à ses héritiers, de prouver que la condition résolutoire dont la libéralité est affectée se trouve réalisée, du moment que le
groupement attributaire poursuit le même but que l'association gratifiée. Comment raisonnablement prétendre que
sa volonté n'est pas respectée, alors que les biens vont conserver leur affectation primitive?

Si au contraire la considération de la personne a été la
cause impulsive et déterminante de la libéralité, le droit de
retour doit s'ouvrir. Dans ce cas en effet il est bien vrai de
dire que les prévisions du disposant ont été trompées par
la substitution d'une association à une autre, puisque la
libéralité avait été faite *intuitu personæ*.

Que convient-il de décider maintenant en ce qui concerne
les anciens associés?

Peuvent-ils eux aussi reprendre les biens par eux apportés soit dans une association déclarée, soit dans une association reconnue d'utilité publique?

Ici encore nous proposerons les distinctions suivantes.

Les statuts ont-ils *par un article formel* disposé du fonds
social, que ce soit en faveur d'un groupement similaire ou
des membres existants au moment de la dissolution, les
anciens associés ne peuvent prétendre aucun droit sur le
patrimoine social. Par le fait même qu'ils sont entrés dans
l'association, ils ont adhéré à toutes les clauses du pacte
social, qui leur sont devenues opposables. De quoi se plain-
draient-ils, puisqu'au moment où ils ont traité avec l'association, ils ont connu le sort réservé à leurs apports?

(1) Cf. Michoud, *loc. cit.*, p. 38; — De Vareilles-Sommières, *loc. cit.*,
p. 440-441

La dévolution des biens sociaux est-elle au contraire réglée par l'assemblée générale, deux hypothèses sont à prévoir.

Ou le partage entre les membres actuels est ordonné, et dans ce cas nous pensons que les anciens associés, s'ils parviennent à démontrer que telle avait été leur intention en cas de dissolution, pourront prélever les biens par eux apportés, sauf bien entendu les difficultés pratiques soulevées par l'exercice de ce droit et sur lesquelles nous avons précédemment insisté (1).

Ou bien l'attribution est faite au profit d'une association similaire et alors il convient d'appliquer la solution développée plus haut en matière de dons et de legs.

Les raisons de décider sont les mêmes. Si les apports ont été faits en vue de l'œuvre à accomplir, les anciens associés seront déchus de tous droits; si au contraire ils ont été effectués en considération de la personne morale, le prélèvement sera possible.

Toutes les règles que nous venons de dégager s'appliquent, quel que soit le mode de dissolution de l'association (2).

Cela résulte des termes mêmes de l'article 9. Le texte dit: « En cas de dissolution volontaire, statutaire ou *prononcée par justice*, les biens de l'association seront dévolus..... ».

Certains auteurs (3) contestent cependant la vérité de cette solution dans le cas où le tribunal doit obligatoirement prononcer la dissolution, c'est-à-dire quand l'association est nulle parce que fondée sur une cause ou en vue d'un but illicite. D'après eux, l'article 9 serait étranger aux associations illicites, qui devaient être liquidées comme société de fait.

On ne saurait le dissimuler; sur le terrain des purs principes, cette solution est rigoureusement logique. L'association étant un contrat soumis aux règles générales des

(1) V. *suprà*, p. 20.
(2) En ce sens, Hébrard, *op. cit.*, p. 178 et suiv.; — Pérouse, *op. cit.*, p. 94.
(3) Voir Sirey, *Lois annotées*, 1902, p. 251.

obligations, elle est nulle dès qu'elle a une cause ou un objet illicite.

La nullité produisant un effet rétroactif, tout doit se passer comme si la convention n'était jamais intervenue. Il semble donc impossible de tenir compte, pour régler le sort des biens, des clauses des statuts ou des décisions de l'assemblée générale.

En réalité la dissolution apparaît comme une suite naturelle et nécessaire de la nullité, et l'article 7 emploie un langage inexact quand il laisse au tribunal le soin de prononcer une dissolution qui allait de soi.

Toutefois l'association illicite nulle en droit n'en a pas moins formé une société de fait dans laquelle chaque associé va faire valoir ses droits au partage.

Quelle que soit la valeur de cette argumentation, elle vient se briser contre le texte formel de l'article 9, qui vise expressément la dissolution prononcée en justice. Or, il résulte de l'article 7 que l'illicéité de l'association est précisément une des deux hypothèses de dissolution judiciaire.

Les biens des associations illicites recevront donc la destination voulue par les statuts ou par l'assemblée générale. Cette solution très libérale est en harmonie avec les tendances d'une loi qui a refusé de considérer comme un délit la fondation de ces associations.

Quant aux associations dont la dissolution peut exceptionnellement être prononcée par décret, tout le monde admet qu'il y a lieu de leur étendre par analogie l'article 9. Les raisons de douter que l'on fait valoir au sujet des associations illicites ne se retrouvent pas ici, car ces associations ne sont pas nécessairement entachées de nullité par application des principes généraux du droit. C'est du reste en ce sens que la loi a été interprétée par le décret du 16 août 1901 (art. 11, précité).

Nous avons supposé jusqu'à présent avec l'article 9 que le sort des biens avait été réglé soit par les statuts, soit à défaut par l'assemblée générale.

Il nous reste maintenant à nous demander — c'est la dernière question à examiner — comment se fera la dévolution dans le cas où elle n'a fait l'objet d'aucune prévision.

Observons tout d'abord que cette situation se présentera très rarement, pour ne pas dire jamais. Le règlement d'administration publique prend en effet des précautions pour que l'assemblée générale soit toujours appelée à se prononcer.

Aux termes de l'article 14 : « Si les statuts n'ont pas prévu les conditions de liquidation et de dévolution des biens d'une association en cas de dissolution, par quelque mode que ce soit, ou si l'assemblée générale qui a prononcé la dissolution volontaire n'a pas pris de décision à cet égard, le tribunal, à la requête du ministère public, nomme un curateur. Ce curateur provoque, dans le délai déterminé par le tribunal, la réunion d'une assemblée générale, dont le mandat est uniquement de statuer sur la dévolution des biens ; il exerce les pouvoirs conférés par l'article 813 du Code civil aux curateurs des successions vacantes ».

Mais enfin que décider si par impossible l'assemblée générale refusait de statuer ? Suivant une remarque déjà faite, la réponse dépend essentiellement de la solution donnée au problème de la personnalité morale. Il s'agit donc de savoir quelle est des différentes conceptions doctrinales en présence celle dont procède la loi de 1901.

Nous croyons avoir démontré que la disposition de l'article 9 ne saurait se concilier avec le système de la fiction, dont le corollaire nécessaire est l'attribution des biens à l'État par application des articles 539 et 713 du Code civil (1).

Mais cette constatation ne suffit pas.

Il y a en effet, nous l'avons vu, grand intérêt à prendre parti au point de vue qui nous occupe entre la théorie de la réalité et celle des droits individuels (copropriété modifiée ou propriété collective). La première, au moins en l'absence de texte réglant la succession de l'association, conduit aux mêmes conséquences que la fiction, tandis que la seconde aboutit naturellement au partage entre les associés.

C'est cette dernière solution qui nous semble devoir être admise.

____

(1) Voir dans le même sens au sujet de la capacité des associations déclarées, notre article dans la *Revue trimestrielle de droit civil*, 1907, n° 1.

Sans doute la doctrine des droits individuels n'est pas formellement consacrée par la loi, mais elle ne se trouve pas non plus en opposition avec son texte. Et elle peut par contre, sans même parler des arguments d'ordre scientifique invoqués à son appui [1], s'autoriser du recul subi par la théorie des biens vacants et sans maître, dont les tribunaux ont maintes fois cherché à restreindre le champ d'application [2].

Ainsi donc, d'après nous, les associés existants au jour de la dissolution peuvent se partager le patrimoine social [3], sous la réserve bien entendu des charges qui le grèvent et dont le respect devra être assuré conformément aux règles développées plus haut.

Et à ce point de vue il est à regretter que la loi de 1901 n'ait pas soumis le partage au contrôle de l'autorité judiciaire dans les termes et sous les conditions que nous avons indiqués.

Telles sont les solutions qui à notre avis découlent de l'article 9 de la loi de 1901 [4].

Elles ont l'avantage de concilier dans une large mesure l'intérêt des associés, qui ne saurait être sacrifié sans risquer de décourager certaines initiatives privées, et l'intérêt général, qui commande le plus souvent de maintenir aux biens leur affectation primitive. Elles nous semblent de nature à éviter un double péril également funeste à l'extension du mouvement corporatif : l'attribution à l'État, qui, devenu propriétaire des biens sociaux, peut en disposer à son gré, sans souci de continuer l'œuvre de la personne morale disparue; et le partage pur et simple de tous les

---

(1) Berthélemy, *Traité élémentaire de droit administratif*, 4ᵉ éd., p. 32 ; — Planiol, *Traité élémentaire de droit civil*, 2ᵉ éd., t. I; nᵒ 1467. Cf. dans la 4ᵉ éd., nᵒˢ 3007 et 3017. M. Planiol admet cependant (1ʳᵉ éd., t. I, p. 735) en thèse générale la dévolution des biens des établissements d'utilité publique à l'État. Mais, suivant la remarque faite par M. Michoud (*op. cit.*, p. 4, note 3), il semble bien que cette solution ne soit pas en harmonie avec le principe de sa théorie sur la propriété collective.

(2) Voir Hébrard, *loc. cit.*, p. 19 et suiv. et les arrêts cités par lui.

(3) *Contrà*, Trouillot et Chapsal, *op. cit.*, p. 21; — Hébrard, *op. cit.*, p. 78.

(4) La jurisprudence n'a pas encore eu l'occasion d'appliquer sur ce point la loi de 1901.

biens entre les membres actuels de l'association, qui constituerait un danger permanent de dislocation pour le patrimoine social.

D'ailleurs, suivant une remarque déjà faite, on conçoit très bien qu'à raison du caractère particulier de certaines associations, par exemple des sociétés de secours mutuels, il puisse être nécessaire de poser des règles restrictives de dévolution. Dans la mesure où elles sont exigées par l'intérêt social bien entendu, ces dérogations au droit commun sont légitimes.

Mais ce sont là des lois spéciales, que nous n'avons pas à commenter ici.

IMPRIMERIE
CONTANT-LAGUERRE
BAR LE-DUC

www.ingramcontent.com/pod-product-compliance
Ingram Content Group UK Ltd.
Pitfield, Milton Keynes, MK11 3LW, UK
UKHW020041080726
13614UKWH00004B/1900